DISCOURS

PRONONCÉ PAR

M. XAVIER DE MAGALLON

DÉLÉGUÉ DE LA JEUNESSE CONSERVATRICE

D'AIX

AU BANQUET ROYALISTE

Donné par

LA JEUNESSE CONSERVATRICE

DE MARSEILLE

AU ROUCAS-BLANC

Le 29 Avril 1888

AIX

IMPRIMERIE J. NICOT, 16, RUE DU LOUVRE

1888

Discours de M. Xavier de MAGALLON

AU BANQUET ROYALISTE

DU ROUCAS-BLANC

AIX. — IMPRIMERIE J. NICOT, 16, RUE DU LOUVRE

DISCOURS

PRONONCÉ PAR

M. XAVIER DE MAGALLON

DÉLÉGUÉ DE LA JEUNESSE CONSERVATRICE

D'AIX

AU BANQUET ROYALISTE

Donné par

LA JEUNESSE CONSERVATRICE

DE MARSEILLE

AU ROUCAS-BLANC

Le 29 Avril 1888

AIX

IMPRIMERIE J. NICOT, 16, RUE DU LOUVRE

1888

Par délibération en date du 6 juin 1888, la *Réunion plénière* des bureaux de la JEUNESSE CONSERVATRICE d'Aix, en sa séance mensuelle, a voté l'impression du présent, (*) comme utile à la propagande.

Le Secrétaire Général :
MARIUS TOURNEL.

Vu,
Le Président :
SYLVIUS DAVID.

(*) Déjà publié *in extenso* par la *Gazette du Midi* du 3 Mai 1888.

Messieurs,

Au moment de lever à mon tour mon verre au nom de vos camarades d'Aix, il m'a été agréable de faire cette réflexion que le banquet auquel nous assistons est véritablement un banquet de la jeunesse, dans toute la force du mot. Malgré la présence des glorieux vétérans de l'armée royaliste, des maîtres de la parole et de la plume qui m'entourent, tous ici nous sommes jeunes, presque tous par l'âge, mais tous par l'espérance et par le cœur. (*Applaudissements.*)

Ce m'était un encouragement nécessaire au moment de remplir ce devoir qui m'incombe, qui revenait, certes, de lui-même, à d'autres plus capables et plus dignes, mais dont les circonstances m'ont impérieusement chargé. M. Sylvius David, l'éloquent et dévoué président de la Jeunesse Conservatrice d'Aix, s'est vu, à la dernière heure, empêché de se rendre à votre invitation : je le regrette pour lui, pour vous et pour moi. Ceux de mes amis que tout désignait pour le remplacer ont été retenus également, plusieurs, vous l'apprendrez avec plaisir, par des conférences politiques qu'ils donnent, ce soir même, dans différentes localités, en vue des prochaines élections municipales. (*Applaudissements.*) S'ils ne sont à l'honneur, c'est qu'ils sont au combat. (*Vifs applaudissements.*)

J'ai la double certitude de ne pouvoir vous exprimer leur pensée dans les formes parfaites dont ils l'eussent eux-mêmes revêtue, mais de vous la rendre au moins avec une entière fidélité.

Si nous existons, à Aix, en tant que corps constitué de l'armée monarchiste, c'est à vous, nos aînés de Marseille, que nous le devons. Celui qui a semé et fait éclore l'idée dont nous sommes sortis, — celui-là même qui est assis à mon côté, M. Philippe Grangier, — l'avait en somme prise chez vous. La première parole que nous devions vous apporter est donc une parole chaleureuse de remercîment. (*Applaudissements.*) Et nous revendiquons le droit d'ajouter : Soyez fiers, Messieurs, de l'œuvre que vous faites et dont la fondation de la Jeunesse Conservatrice d'Aix a, mieux que tout autre acte, fait voir l'immense portée. Tant que la Jeunesse de Marseille existait seule, on la contemplait avec admiration dans la mêlée, on applaudissait à sa vaillance, à sa discipline, à son dévouement, mais on ne savait pas, on ne pouvait pas savoir si les efforts vigoureux, où elle se dépensait avec tant d'ardeur, ne seraient que des escarmouches isolées, susceptibles seulement de produire des résultats partiels, ou si l'on était en droit de les considérer comme ces combats d'avant-postes, comme ces engagements d'éclaireurs qui présagent et protègent la mise en ligne des gros bataillons. On le sait, à présent, qu'à côté de votre œuvre, la nôtre a surgi. Ce n'était qu'une étincelle, mais elle prouvait le brasier. On a compris que l'incendie irait loin. On a pressenti la création des légions innombrables, que nous créerons, en effet, et qu'il faudra organiser de telle sorte qu'elles s'élancent d'elles-mêmes des entrailles de la patrie, à l'heure décisive, — et prochaine soit-elle! — où le Roi, pour la lutte suprême, frappera du pied le sol national ! (*Double salve d'applaudissements.*)

Rappelons-nous, Messieurs, l'exemple de la Belgique. C'est la jeunesse de ce pays qui l'a reconquis à des idées voisines des nôtres, dans les dernières élections. Il faut que la jeunesse française fasse à son tour la conquête de la France. (*Applaudissements.*) Presque toute la partie pensante de cette jeunesse, toute celle que des traditions n'enchaînent pas, que des illusions n'aveuglent pas, que l'intérêt ne guide pas, est avec nous. Croyez-le, sur tous les points du territoire, elle ne demande qu'à suivre, pour peu qu'on l'y aide, l'exemple que vous lui avez donné.

Ah ! vainement lui reproche-t-on, avec des théories d'histoire telles qu'en échafaudent les manuels des écoles primaires, de déserter la lumière, et lui clame-t-on qu'elle devrait caresser pour la France un autre rêve que celui d'un recul de cent ans dans le passé !... A qui fera-t-on croire que nous avons peur de ce cri : En avant ! alors que, pendant dix-huit siècles, il aurait pu être la devise de la Royauté française ? (*Applaudissements.*) Qui ne sait aujourd'hui, d'ailleurs, quoi qu'on puisse penser de 1789, des réformes que cette date amena, de la façon surtout dont elles s'accomplirent, qui ne sait que cette révolution devait se faire, à l'origine, pour la Monarchie et par la Monarchie, qu'ainsi le comprenait et le voulait l'immense majorité de la Nation, qu'ensuite une poignée de fous et de brigands, entraînant tour à tour l'émeute et entraînés par elle, parvint à détourner à son profit le mouvement, à le tourner contre ceux-mêmes desquels il était parti, qu'elle s'attribua, par un mensonge audacieux, la gloire de l'avoir créé, la mission de le diriger, que, depuis un siècle, la France est malade de cette équivoque et qu'il conviendrait d'y mettre fin, car, à force d'en souffrir, il se pourrait qu'elle en mourût ? (*Très bien ! vifs applaudissements.*) Qui ne sait que cette admirable forme monarchique, aussi souple que forte, s'est, aux différentes époques de notre histoire, merveilleusement prêtée, par ses transformations et ses développements successifs, à toutes les évolutions de la vie nationale, et qu'elle seule, à cause du principe de stabilité qui est en elle, peut aborder sans crainte, loin de les répudier à l'avance, l'étude de toutes les réformes, si larges soient-elles, de toutes les améliorations, si hardies semblent-elles, disons le mot, de tous les légitimes, désirables et inévitables progrès de l'avenir ? (*Bravos et applaudissements prolongés.*)

Ils nous allèguent encore que nous entrons dans une armée vaincue, à qui l'espoir de la revanche est interdit désormais, qu'en effet il se pourrait bien que le salut fût dans la Monarchie, mais que la France ne veut pas de la Monarchie. Et ceux qui tiennent ce langage, ce sont surtout les platoniques amants de cette République modérée, de cette République dite *athénienne*, quoiqu'elle ne nous ait pas encore montré son Périclès, et dont il ne paraît guère que la France ait davantage envie, — ces hommes, obstinés dans leur aveuglement, que l'on pourrait appeler les inébranlables partisans d'un nuage. (*Applaudissements.*)

Vraiment, si j'étais sûr que jamais la Monarchie ne dût reparaître en France, je n'en lutterais pas moins pour elle, par conscience d'abord, et puis pour le plaisir et pour l'honneur! Eh ! quoi, vivrions-nous en un temps où il faudrait trahir la vérité parce qu'elle serait méprisée, et la justice, quand elle serait méconnue ? Entre cette République à jamais condamnée, qui nous a couverts de telles hontes que l'on n'en saurait parler sans un frémissement d'indignation et de colère, et ce polichinelle, le dernier sorti de la boîte à surprises, ce vil menteur, cet officier indigne de l'être, ce général pommadin qui, à travers une renommée éphémère, s'en va, n'en doutez pas, aux gémonies de l'histoire, en caracolant dans le puffisme, (*vifs applaudissements*), quand les partis prétendus vivaces, parce qu'ils n'ont pas eu le temps de mourir, sont à ce point méprisables, il conviendrait aux cœurs fiers et aux esprits clairvoyants de rester dans le nôtre, fût-il, lui, certainement frappé à mort, dûssions-nous, suivant une métaphore aussi belle que vieille, prendre pour linceul ce drapeau duquel, plus que jamais, il est vrai de dire qu'il porte en ses plis l'honneur et la fortune de la France ! (*Bravos et applaudissements.*) Cette gloire nous resterait d'avoir combattu pour la seule idée réparatrice au milieu de la décadence de notre pays, et il serait triste mais beau d'être appelés un jour, dans l'avenir, les derniers royalistes, heureux s'il ne fallait pas qu'on ajoutât : et les derniers Français ! (*Longs applaudissements.*)

Mais, loin de nous ces prévisions ! Il est tellement faux que la France soit antimonarchiste, que, lorsqu'elle n'a pas le chef qu'il lui faudrait, et lorsqu'elle ne le connaît pas, parce que l'on a manqué au devoir de le lui faire assez connaître, elle en cherche un d'occasion et elle s'en forge de tels qu'il vaudrait cent fois mieux qu'elle n'en eût jamais. Non, elle n'est pas près de périr la cause sacrée qui fait battre, dans tant de poitrines, vaillantes comme les vôtres, Messieurs, des cœurs de vingt ans ! On parlait beaucoup, ces derniers temps, de jeune parti, de parti nouveau. On voulait le voir dans cette tourbe, pressée autour de ce mauvais soldat qui déshonorerait l'uniforme de l'armée française, si elle-même ne l'avait arraché de ses épaules... (*Vifs applaudissements.*) Il n'est pas là, Messieurs. Grâce à Dieu, il existe et c'est nous qui le sommes, nous, le parti monarchiste renouvelé et rajeuni, de qui les évènements ne peuvent refroidir le cœur, mais de qui chaque jour, comme de la Pallas antique, ils élargissent le front ! Le voilà celui qui, pour employer à notre tour une expression qui nous appartient plus qu'à tous autres, se lève, de la santé plein les veines, et de l'espoir, oh ! oui, Messieurs, de l'espoir plein le cœur ! (*Longs applaudissements.*)

Il est vrai, nous sommes des vaincus, mais nous savons pourquoi. Notre parti s'est toujours appelé celui des honnêtes gens, et c'était une gloire ; trop souvent, il s'est borné à n'être que cela, et c'est le tort qui l'a perdu. Les autres avaient griffes et mâchoires de loups... Nous étions d'honnêtes gens ! Ça été de tout temps le sort des gens honnêtes qui aiment à rester chez eux, sans avoir ni bergers, ni bons chiens, de voir leurs moutons mangés par les loups. Mais vient un jour où la patience est à bout, où les braves gens en ont assez, où ils se décident à sortir, le fusil à l'épaule ou la fourche au poing, et la ripaille finit, pour les bêtes de proie, par quelque mauvais coup reçu en pleine digestion... Dieu me garde des exagérations fâcheuses ! Je ne parle pas, en ce moment, des républicains sincères et sérieux que la situation actuelle peut écœurer autant que nous : il en existe, je le sais et je les plains. Mais, contre les destructeurs de notre patrie ; contre les falsificateurs de son histoire ; contre les détracteurs de ses gloires les plus hautes ; contre les dilapidateurs de ses finances ; contre les expulseurs de ses princes et de ses religieux ; contre les désorganisateurs de la magistrature et de l'armée ; contre les corrupteurs de l'âme du peuple ; contre les crocheteurs de monastères ; contre les briseurs de crucifix ; contre les violateurs de la liberté des consciences ; contre les imbéciles et ridicules insulteurs des plus nobles croyances de l'humanité ; contre les pires ennemis que la France ait jamais nourris, pour son malheur, dans ses propres entrailles ; contre ces hommes, c'est un devoir impérieux pour nous tous, Messieurs, d'engager et de soutenir, sans trêve, une guerre à outrance.... Il n'est pas possible que la France reste dans de telles mains ! (*Bravos et applaudissements prolongés.*) Ou nous succomberons à la tâche, ou nous la leur arracherons ! (*Triple salve d'applaudissements.*)

Vous avez pris, Messieurs, la tête d'un mouvement qui contribuera à la leur arracher. Je veux parler de l'embrigadement de la jeunesse royaliste et de la formation de ces phalanges dont l'intervention dans la lutte sera d'un si grand poids. Il faut que le mouvement s'étende à la France entière, il faut déposer des germes partout, il faut envelopper le pays comme d'un réseau, il le faut, nous y travaillerons, cela sera ! (*Très bien ! applaudissements.*) Mais il vous restera toujours, Messieurs, la gloire d'avoir été les premiers. Pour nous, qui nous faisons honneur d'être venus les seconds, c'était un devoir cher à notre cœur de vous en féliciter.

Un dernier mot, Messieurs. L'écrivain de haut mérite que nous avons le bonheur de voir diriger le plus vieux journal de la région, une des grandes plumes de la presse française, M. Charles Garnier, (*applaudissements*), écrivait l'autre jour, ceci : « Le monde est à qui le prend. » Eh bien ! nous le prendrons ! (*Bravos et applaudissements.*)

Je bois, Messieurs, à la jeunesse royaliste de Marseille, à la multiplication et à la fédération des jeunesses royalistes de France. (*Longues salves d'applaudissements.*)

www.ingramcontent.com/pod-product-compliance
Lightning Source LLC
Chambersburg PA
CBHW071423060426
42450CB00009BA/1990